혼자라서 더즐거운

다른그림찾기

개정판

혼자라서 **더**즐거운
다른그림찾기 개정판

초판　1쇄 발행　2017년　11월 27일
개정판 1쇄 발행　2026년 03월 25일

펴 낸 이 | 이규인
일러스트 | 정미희
편　　집 | 정희정
디 자 인 | 김선희

펴 낸 곳 | 예스북
출판등록 | 2005년 3월 21일 제320-2005-25호
주　　소 | 서울시 영등포구 문래북로116 9층 903호
　　　　　(문래동3가 트리플렉스)
전　　화 | (02) 337-3054
팩　　스 | (02) 326-3218
E-mail | changbook1@hanmail.net
홈페이지 | www.e-yesbook.co.kr

ISBN 978-89-92197-04-5　(13690)

정가 12,800원

*잘못된 책은 바꾸어 드립니다.

절대 포기하지 말아요.
당신이 무언가가 되고 싶다면 그것에 대해 자부심을 가져요.
당신 자신에게 기회를 줘요.
스스로가 형편없다고 생각하지 말고요.
당신에게 득이 될 게 하나도 없으니까요.
그리고 목표를 높이 세워요.
인생은 그렇게 살아야 한답니다.

– 마이크 맥라렌

30 다른그림 Run Time

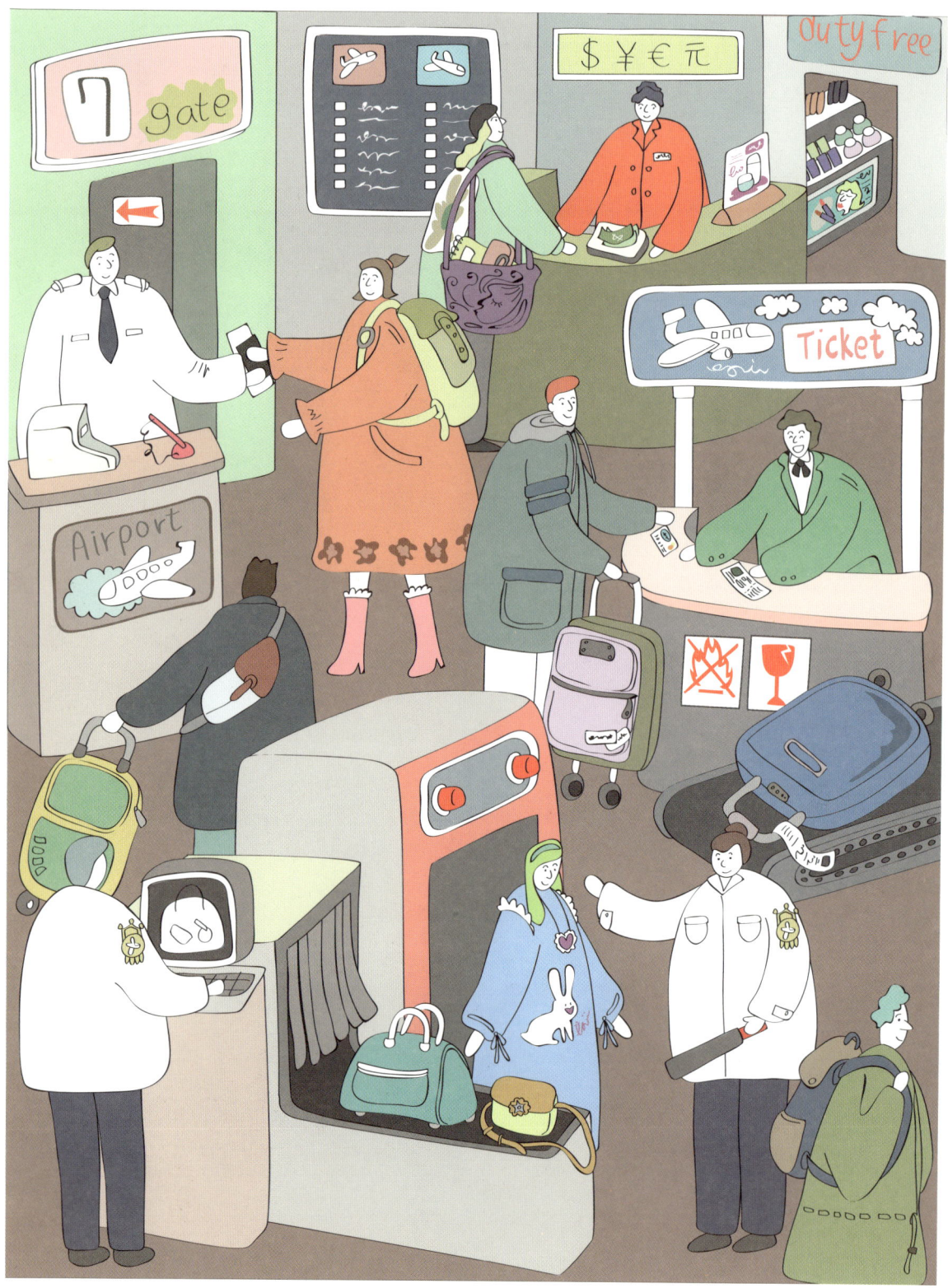

19

다른그림 **29** Run Time

다른그림
25

Run Time

fresh fruits

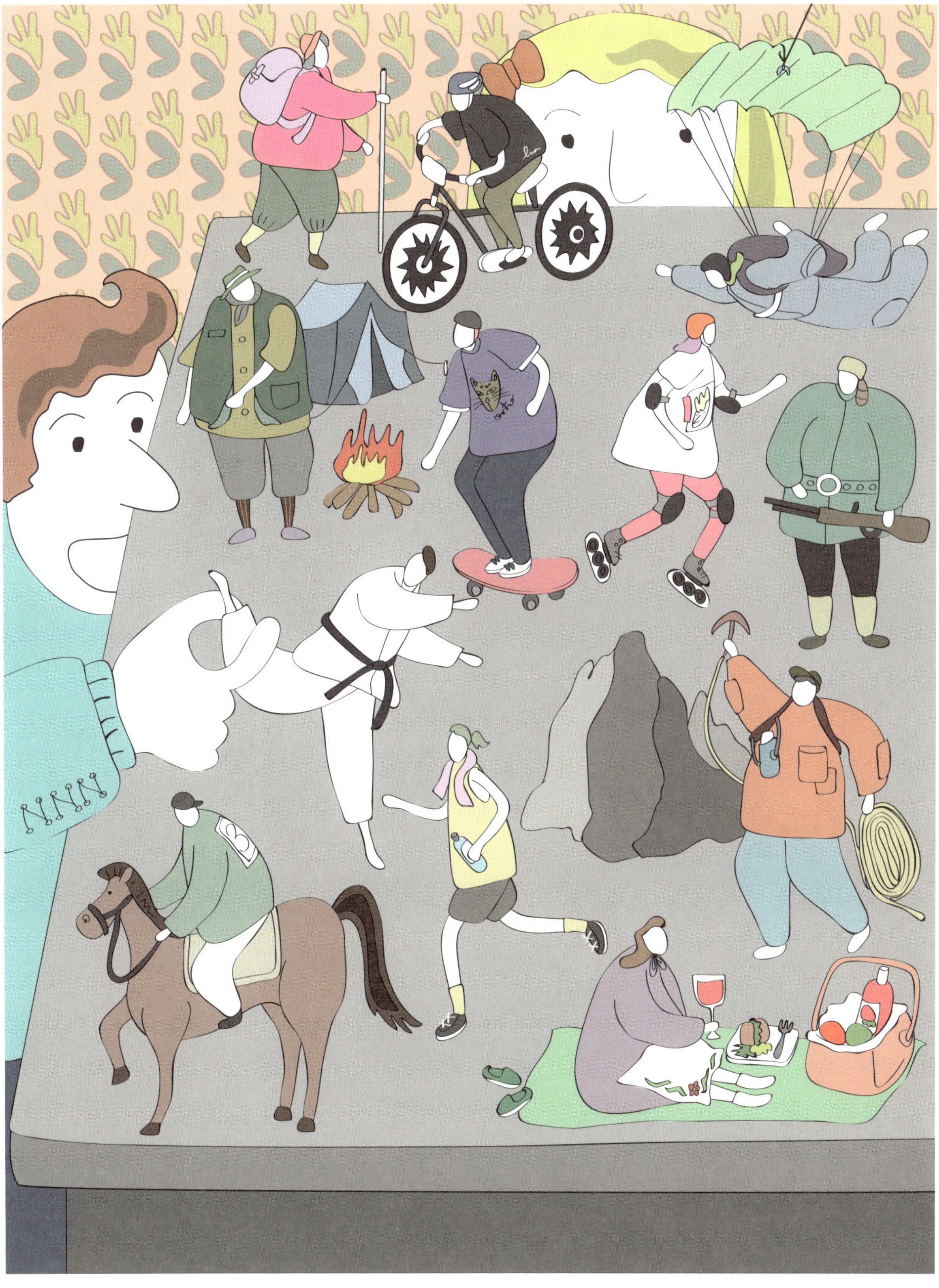

다른그림 25 Run Time

38

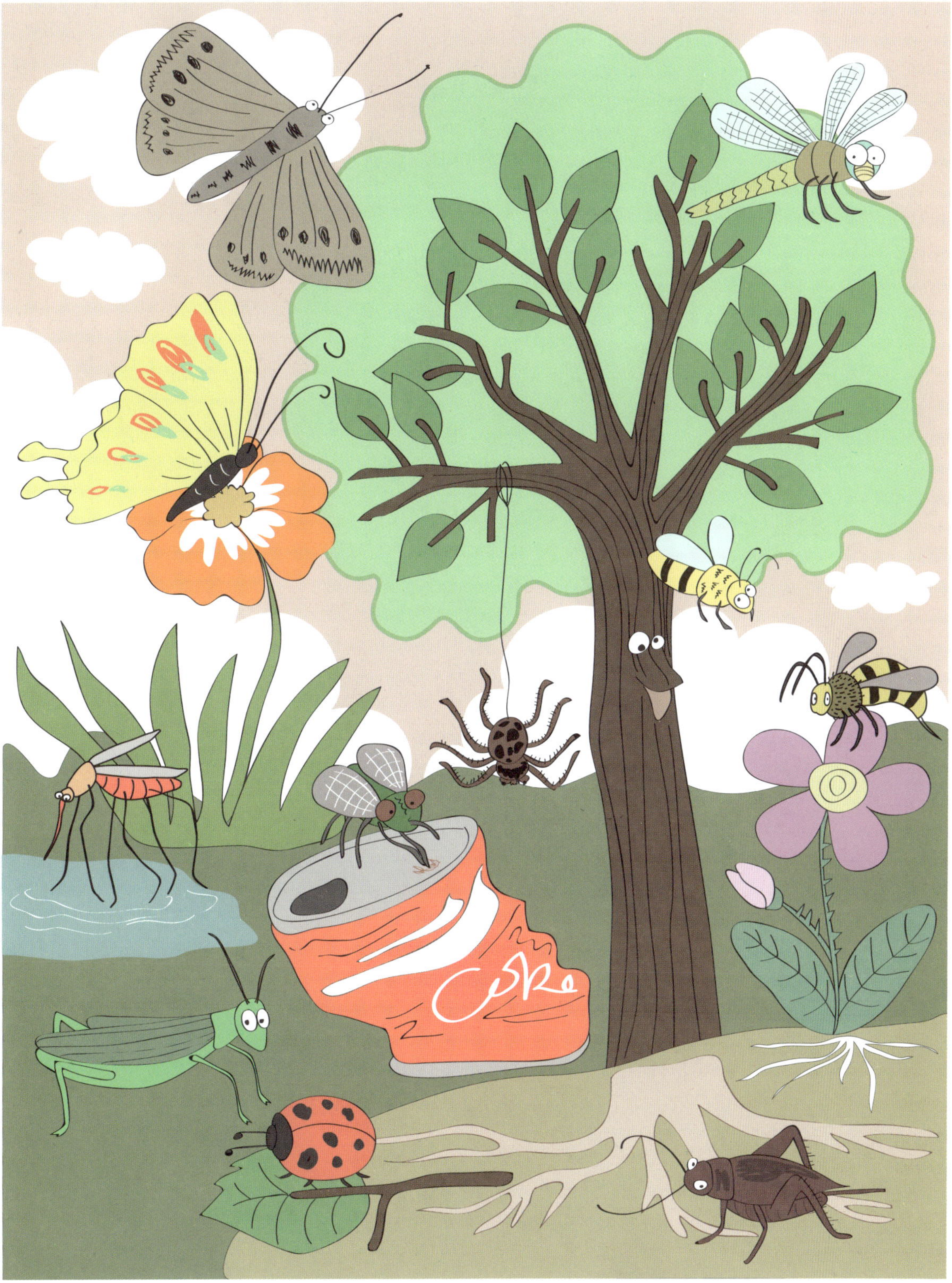

다른그림 27 Run Time

BIG SALE!

seafood

frozen

	Mon	Tues	Wed	Thurs	Fri

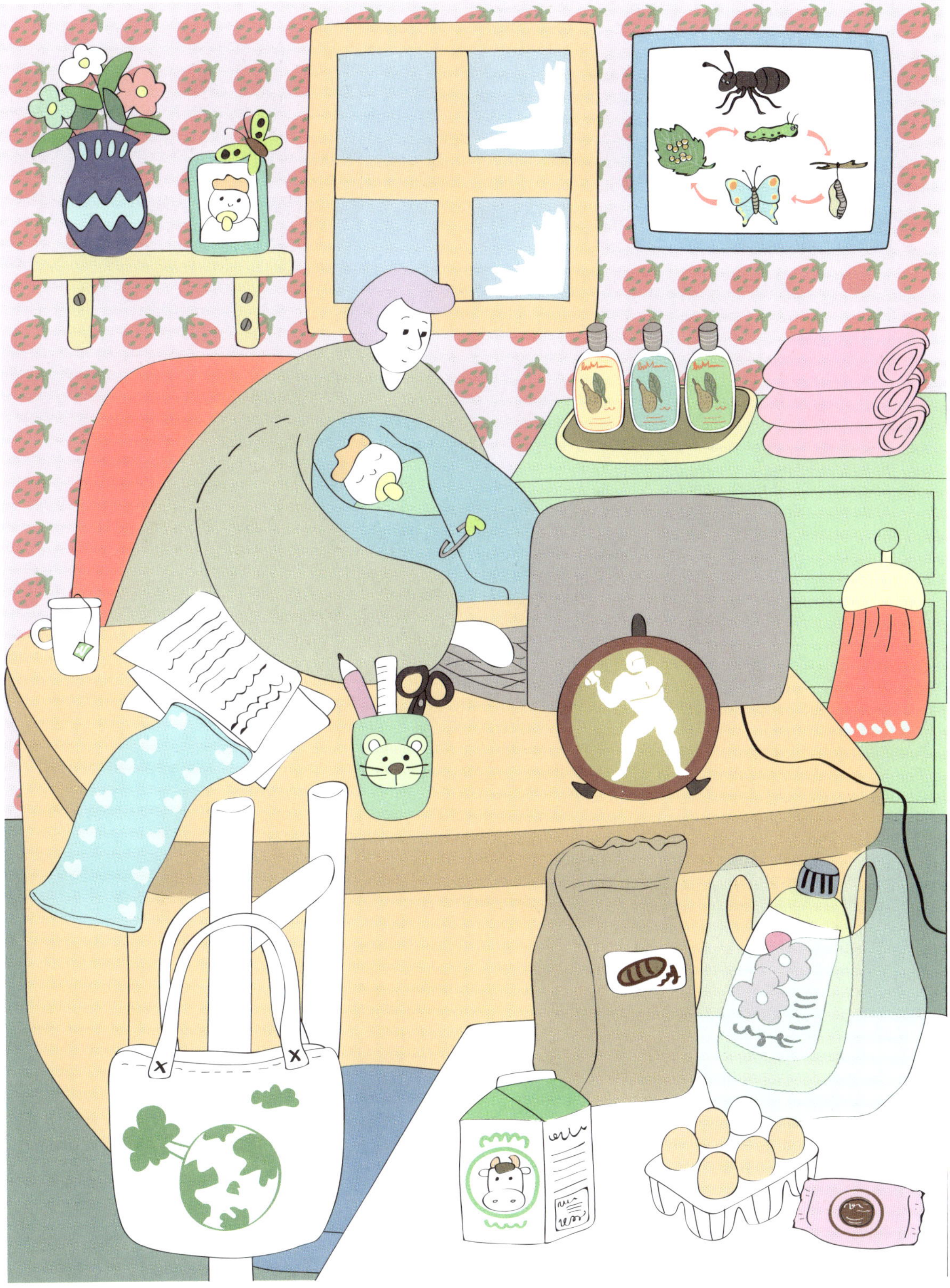

다른그림 25 Run Time

정 답

fresh fruits

혼자라서 **더**즐거운
다른그림 찾기
개정판

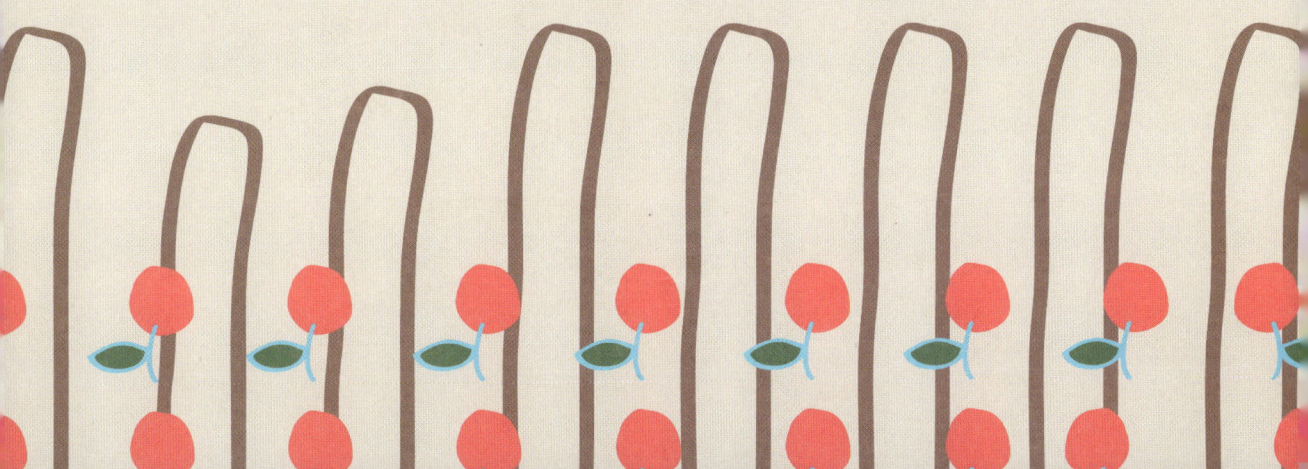

혼자라서 **더**즐거운

다른그림찾기

개정판